I0454577

¡REFRANES Y NEGOCIOS!
CLAVES DEL ÉXITO
EN LA GESTION EMPRESARIAL

Sr. Gregorio Negro Maldonado

IA GENERATIVE API OPENAI

ISBN: 9798873184255

Sello: Independently published

ÍNDICE

PROLOGO AUTOR

- "Aunque la mona se vista de seda, mona se queda" - La importancia de la autenticidad en la marca.

CAPITULO 4: Trabajo en Equipo............25

- "En casa del herrero, cuchillo de palo" - Asegurar la excelencia interna en la empresa.

- "Todos los caminos llevan a Roma" - Diversidad de enfoques en la solución de problemas.

CAPITULO 5: Finanzas y Economía.........29

- "No es oro todo lo que reluce" - Evaluación crítica de inversiones y oportunidades.

- "A pan duro, diente agudo" - Resiliencia en tiempos de crisis económica.

CAPITULO 6: Marketing y Ventas...........35

- "Ojos que no ven, corazón que no siente" - La importancia de la visibilidad en el mercado.

- "Cuando una puerta se cierra, otra se abre" - Adaptación y oportunidades en el cambio de mercado.

Dedicatoria:

A mi querido padre, quien desde que era un crío me martilló con refranes hasta que casi me salían por las orejas. Después de tantos años, finalmente caí en la cuenta de que tenía razón. ¡Vaya genio! Tu paciencia infinita y tu sabiduría han sido como una luz que ilumina mi camino. Este libro es un homenaje a tus enseñanzas y a la manera en que has influido en mi perspectiva. Gracias por abrirme los ojos a la riqueza de la tradición y el refranero español.

PROLOGO

En las páginas que estás a punto de explorar, te invito a adentrarte en mi mundo como empresario. A lo largo de mi vida, he navegado con destreza por las complejidades de la economía, las leyes, la política y el apasionante mundo empresarial, acumulando un valioso conocimiento y, por supuesto, una buena dosis de sarcasmo.

Mi trayectoria me ha llevado desde Portugal hasta Brasil, desde Inglaterra hasta Estados Unidos y España, donde he sido testigo de la riqueza cultural y las experiencias únicas que cada lugar tiene para ofrecer.

Pero lo que hace aún más intrigante mi historia es mi capacidad para aplicar la sabiduría del refranero español y la tradición a todos los aspectos de la vida, especialmente a la gestión diaria de la empresa. He aprendido a combinar sabiamente las lecciones del pasado con los desafíos del presente, de una manera que es tanto locuaz como graciosa.

Te invito a acompañarme en este viaje literario y a descubrir los relatos mordaces y las anécdotas picantes que tengo guardados bajo la manga. Mis observaciones sobre la vida, los negocios y la política te harán reír, reflexionar y, en ocasiones, incluso enfurecer. Pero lo que es seguro es que no te dejarán indiferente.

Este libro es una ventana a mi mente, una mente que ha acumulado sabiduría a lo largo de mi viaje por el mundo de los negocios y la vida. Prepárate para explorar un mundo lleno de gracia, ingenio y, por supuesto, sarcasmo.

Como digo, la vida es demasiado corta para tomársela demasiado en serio, y en esta obra comparto mi visión particular.

1. INTRODUCCION

1.1. Breve historia de los refranes españoles.

"En refrán viejo, verás al consejero", o cómo nuestros antepasados nos legaron el MBA del pueblo

No hay mesa de negocios, por más pulida y contemporánea que se presente, que pueda desmentir la paternidad de sus estrategias en los dichos de nuestros abuelos. Aquellos refranes que tanto nos recuerdan a tardes de sobremesa y merienda con pan y chocolate, son en realidad esas lecciones de gestión empresarial que Harvard olvidó patentar.

La historia de los refranes españoles es tan antigua como las primeras transacciones de ganado y tierras. Desde "A buen entendedor, pocas palabras bastan" hasta "Más vale pájaro en mano que ciento volando", cada refrán es un tratado de economía conductual y estrategia de mercado, condensado en una línea de sabiduría popular.

No es casualidad que, en la España de antaño, donde los hidalgos se afanaban en no perder su estatus mientras maldecían en secreto la pérdida de sus rentas, se acuñara "Quien no arriesga, no pasa la mar". Aquellos nobles, que en el fondo eran unos emprendedores con espadas y escudos, sabían que sin riesgo no había conquista, y sin conquista no había oro ni gloria que llevarse a las arcas.

Los refranes, surgidos en plazas y mercados, donde se cruzaban el labrador, el artesano y el comerciante, eran la moneda de cambio de la sabiduría. "Algo tendrá el agua cuando la bendicen", decían, y así reconocían que todo producto tiene su valor, solo hace falta un buen marketing para descubrirlo. Y qué decir de "No por mucho madrugar amanece más temprano", que es un alegato contra el presentismo laboral y un llamado a la productividad inteligente, mucho antes de que el término se pusiera de moda en las consultorías de recursos humanos.

En efecto, los refranes españoles no solo han sobrevivido guerras, pestes y hambrunas, sino que han sabido adaptarse a los tiempos modernos, demostrando que la sabiduría popular puede ir de la mano con los KPIs, siglas de "Key Performance Indicators" y las métricas de desempeño. "Camarón que se duerme, se lo lleva la corriente", advierte sobre la importancia de estar siempre alerta a las tendencias del mercado, so pena de ser devorado por la competencia.

En este breve pero sustancioso recorrido por la historia de los refranes aplicados a la empresa, no podemos omitir el clásico "A la cama no te irás sin saber una cosa más". Este dicho, que invita a la formación continua y al aprendizaje diario, es el precursor del desarrollo profesional y el mejoramiento constante que cualquier CEO moderno pregonaría en sus memorandos.

En conclusión, los refranes españoles son esa colección de lecciones empresariales que han pasado de generación en generación, como una especie de testamento que se lee con la misma reverencia con que se hojea el último best-seller de management. Porque, al final del día, "No hay peor sordo que el que no quiere oír", y eso, queridos colegas y empresarios del siglo XXI, es algo que ni el más sofisticado consultor de negocios podría rebatir.

1.2. Importancia de los refranes en la cultura empresarial.

"Quien Tiene Boca Se Equivoca, Pero Quien La Usa, Persuade"

En el intrincado laberinto de los corrillos empresariales, donde los titanes de la economía se enfrentan con la destreza de un espadachín en la verbena de San Fermín, los refranes emergen como un arma de doble filo, o como diría el clásico, tanto vale el arma como el brazo que la maneja.

Es menester reconocer que el refranero español no es mera comparsa de ancianos al sol, sino un arsenal de sabiduría popular que, aplicado con el tino y la picardía de un pícaro de novela, se convierte en brújula para el navegante de las mareas corporativas. "No por mucho madrugar, amanece más temprano," asevera el refrán, y con él, el ejecutivo astuto, que sabe que la prisa no es buena consejera, y que la estrategia requiere de la paciencia de un Santo Job y la visión de un Argos.

Observemos cómo el refrán "El que mucho abarca, poco aprieta," se convierte en máxima de la gestión de proyectos, donde el jefe, más inflado que un pavo real, pretende tener más ojos que un tuerto en el valle de los ciegos. Este buen señor, que en su afán de omnipresencia y omnisciencia olvida que el ser humano no es capaz de la ubicuidad, no tarda en darse de bruces con la realidad, pues, como reza otro saber popular, "Quien mucho abarca, poco aprieta," y el proyecto, por ende, se le va de las manos como agua entre los dedos.

Adentrémonos en el despacho de aquel director que, creyéndose más listo que el hambre, decide ignorar el consejo de sus subalternos. "Más sabe el diablo por viejo que por diablo," murmuran en los pasillos, mientras el incauto gerente desoye la advertencia y se lanza a la piscina sin agua. La caída, por supuesto, no se hace esperar, y es que, en el ajedrez empresarial, un peón bien situado puede dar jaque al rey.

Pero ¡ay amigos!, no todo es pesimismo en este compendio de dichos y diretes. El refrán también sirve de estandarte para el líder visionario, aquel que, como un moderno Cid Campeador, recita con el aplomo de un poeta en el escenario "Cuando una puerta se cierra, otra se abre," y con esta filosofía de andar por casa, transforma los fracasos en nuevas oportunidades, pues en el error halla la semilla del éxito venidero.

El refranero, en su esencia, no es más que la destilación de la experiencia colectiva, un breviario de lecciones aprendidas al calor del fracaso y la victoria. En la cultura empresarial, su importancia radica en que provee un marco de referencia común, un lenguaje codificado que todos entienden y pocos saben explotar con la maestría de un juglar en la corte del rey Sabio.

En conclusión, amigos y colegas del gremio, subestimar el valor de los refranes en el ámbito empresarial es como ir a Sevilla y perder la silla. Son herramientas de comunicación, símbolos de sabiduría y, en manos del comunicador avezado, dardos envenenados que pueden cambiar el curso de una negociación o dar la vuelta a una junta de accionistas más revuelta que una noche de San Juan.

Que no se nos olvide, pues que en la empresa, como en la vida, "No hay mal que por bien no venga," y que, si bien el refrán no va a redactar por nosotros el informe de resultados, nos dará la clave para interpretarlo y, con suerte, hasta para sonreírle al destino, ese viejo pícaro que siempre tiene la última palabra.

2. Liderazgo y Gestión:

2.1. "El que mucho abarca, poco aprieta"

Enfocarse en objetivos alcanzables.

Aquellos Abrazos Que Son Asfixia, "El que mucho abarca, poco aprieta"

En el salón de la sabiduría popular, se escuchan los ecos de antiguos consejos que, con su sencillez, desenmascaraban verdades tan grandes como el ego de un directivo en sus mejores tiempos. Y aquí, entre refranes que son casi ley, se alza uno que debería ser pilar en el templo de la gestión empresarial: "El que mucho abarca, poco aprieta".

En este refrán, breve en palabras, más largo en enseñanzas, se esconde el arte del liderazgo y la gerencia efectiva. Es el canto de los que saben que el mundo empresarial, aunque vasto y tentador, no se conquista con la avaricia de quererlo todo. No, señores. Aquí se trata de enfocarse en lo alcanzable, en objetivos que, a pesar de ser menos, se puedan apretar con la fuerza de una realidad cumplida.

Contemplemos al gerente moderno, aquel Don Quijote de la oficina, lanza en ristre, dispuesto a batirse contra cientos de molinos de viento con la esperanza de que, al final del día, su ímpetu lo coronará como señor de la Mancha corporativa. Pero ¡ay!, la realidad es una Dulcinea que no se deja engatusar por simples hazañas de ambición desmedida. El buen gerente, el líder que se precie de serlo, debe saber elegir sus batallas, sus molinos, y entender que es mejor conquistar uno que asustar a todos.

Los aficionados al abarque indiscriminado, esos que acumulan proyectos como quien colecciona fracasos, deberían aprender que en el menú de la gestión, menos es más, y que la especialización y el enfoque no son meros caprichos de la moda, sino la esencia de un liderazgo que no solo aspira, sino que también logra.

Porque en el juego de la empresa, aquellos que se dispersan en un afán de omnipresencia terminan por ser meros espectros de autoridad, fantasmas en las salas de juntas, susurrando estrategias que nunca podrán ejecutar.

La dispersión es la madre del olvido y el padre del fracaso, *y en cada intento de abarcarlo todo, el líder pierde un poco de su esencia, de su capacidad de apretar, de hacer que las cosas sucedan.*

Así que, estimado lector, sea usted el gerente o el emprendedor en ciernes, tome este refrán como un mantra, un cántico a la prudencia y la concentración. No se deje seducir por el canto de las sirenas de la ambición desbordada. Recuerde que, en el fin último de los negocios, aquel que mucho abarca, poco aprieta, y quien poco aprieta, rara vez tiene algo que mostrar más allá de manos vacías y un orgullo herido.

Y en este frenesí de abarcar, no olvide que la verdadera habilidad de un líder no reside en cuánto puede cargar en sus brazos, sino en saber qué debe sostener y con qué fuerza. Porque en el fondo, liderar es saber elegir, y la elección, amigos míos, es el primer paso hacia el éxito o el despeñadero.

2.2 "No por mucho madrugar amanece más temprano"

La paciencia en la toma de decisiones.

Es sabido que el refranero español, esa sabiduría popular destilada en breves sentencias, encierra más verdad y prudencia que muchos tratados de filosofía. Y en el ámbito empresarial, donde la prisa suele ser mala consejera, el proverbio "No por mucho madrugar amanece más temprano" viene a ser una especie de mantra para el líder perspicaz.

Vivimos tiempos de inmediatez, de resultados al instante, donde la paciencia parece una reliquia del pasado, un lujo que los negocios no pueden permitirse. Pero, queridos amigos, no se dejen arrastrar por esa ola de frenesí que confunde actividad con efectividad. En la gestión empresarial, como en la buena cocina, hay procesos que requieren su tiempo; el pan no leuda más rápido por mirarlo con ansiedad, ni los buenos caldos ganan en sabor por incrementar el fuego.

El líder que comprende el valor de la paciencia sabe que las decisiones precipitadas raramente son acertadas. Este sabio gestor no se deja llevar por las presiones del reloj, sino que mide sus acciones en función de una estrategia bien meditada. No se trata de procrastinar ni de permanecer inmóvil ante los retos, sino de entender que la ponderación es un ingrediente esencial en el arte de dirigir.

Aquí entre nos, ¿cuántos proyectos se han visto abocados al fracaso por la incapacidad de esperar el momento oportuno? ¿Cuántas empresas han lanzado productos inmaduros al mercado, movidos por el pánico a quedarse atrás, para luego enfrentarse a la vergüenza de un retiro apresurado? La historia empresarial está plagada de estos tropiezos, que bien podrían haberse evitado con una dosis adecuada de paciencia.

No olvidemos que el mundo de los negocios es un tablero de ajedrez donde cada movimiento debe ser calculado con precisión. En este juego, el líder que sabe esperar, que observa y actúa con serenidad, suele dar el jaque mate.

Porque la paciencia, amigos míos, no es otra cosa que la sabiduría de reconocer el ritmo adecuado para cada situación.

En conclusión, la próxima vez que la impaciencia llame a las puertas de su despacho, recuerden el refrán que hemos traído a colación. No permitan que el ansia de adelantar el amanecer les haga olvidar que la luz del día llega en su justo momento, ni más temprano ni más tarde.

Y así, con la paciencia por estandarte, podrán tomar decisiones asertivas que se traduzcan en éxito sostenido para su empresa. Porque, en definitiva, no es el que madruga quien se lleva la gloria, sino el que sabe cuándo y cómo actuar.

3. Estrategia Empresarial:

3.1. "Más vale pájaro en mano que ciento volando"

Valorar los recursos actuales frente a oportunidades inciertas.

De la prudencia en los negocios y el valor de lo seguro.

En el tablero de ajedrez que es el mundo de la empresa, el osado jugador a menudo se siente tentado por la estrategia de la aventura, por el lance de los negocios que prometen el cielo. **Mas olvida, el buen caballero de la gestión**, aquel refrán de nuestros ancestros que con sabiduría nos advierte: "Más vale pájaro en mano que ciento volando". Y es que, señores, en esta partida que se juega con fichas de euro y contratos, no hay mejor estrategia que la de valorar los recursos actuales frente a oportunidades inciertas.

Es menester recordar que el empresario, ese Don Quijote moderno con traje de Armani, se enfrenta a molinos de viento que a menudo son gigantes disfrazados de grandes negocios en el horizonte. Se lanza cual lancero a la conquista de nuevos mercados, se embriaga con la idea del crecimiento exponencial y, en su delirio, a veces suelta la presa por la sombra. ¿Acaso no es de sentido común mantener la mano firme sobre lo tangible, sobre lo que ya ofrece sus frutos?

Aquel que desprecia lo seguro por correr tras la quimera de lo hipotético, bien podría acabarse encontrando con la cartera vacía y el rostro desencajado, preguntándose dónde fue a parar el pájaro que tenía y por qué diantres no se conformó con él. En la contienda empresarial, amigos míos, un activo seguro y rendidor vale más que un sinfín de proyectos que, como las sirenas a Ulises, nos seducen con sus cantos para luego dejarnos náufragos en la mar de la incertidumbre.

Que no se nos olvide que, en los anales de la economía, repletos de éxitos y de fracasos, se escribe a menudo la historia de aquel que, teniendo el grano en el granero, salió a perseguir las espigas del vecino, para luego volver con las manos más vacías que la cabeza de un político en retiro. Porque, señoras y señores, la estrategia empresarial no es un juego de niños en el que se apuesta la merienda por un tesoro pirata. Aquí se juega con el pan de cada día y, a veces, con el de mañana.

Por ende, no despreciemos la sabiduría de nuestros mayores, esa que nos recuerda que más vale lo cierto que lo potencialmente lucrativo. No es cobarde quien mira con cariño el pájaro en mano, sino prudente y astuto. Que la estrategia empresarial no es cuestión de llenarse los bolsillos de aire, sino de asegurar que cada moneda ganada sea un soldado que vuelve a casa después de una batalla bien librada.

Terminemos, pues, este capítulo con una reflexión que nos permita dormir tranquilos: en el juego de la empresa, donde la fortuna es tan voluble como el viento, aquel que atesora lo que tiene y lo hace crecer con sabiduría, será al final del día el que cierre su libro de cuentas con una sonrisa y no con un suspiro. Recordemos siempre, al levantar la copa del triunfo, que más vale pájaro en mano que ciento volando. Y en esto, queridos amigos, no hay sarcasmo alguno, sino pura y llana verdad.

3.2. "Aunque la mona se vista de seda, mona se queda"

La importancia de la autenticidad en la marca.

En el tablero de ajedrez del mercado global, donde cada movimiento empresarial es un gambito que puede conducir al jaque mate o a una retirada con la cola entre las piernas, no es raro que las firmas, en su afán de conquista, se revistan de oropeles y sedas, buscando aparentar ser lo que no son. Pero, ay, como bien nos advierte el refranero en su sabiduría ancestral: "Aunque la mona se vista de seda, mona se queda". Y es que no hay traje lo suficientemente lujoso que pueda disimular la naturaleza intrínseca de un negocio.

En la estrategia empresarial, la autenticidad es la piedra filosofal que transmuta el plomo de la mediocridad en el oro del reconocimiento. La clientela de hoy, avezada y cínica, mira con lupa y desdén los intentos vanos de impostura. Se ha cansado de las falsas promesas y de las marcas que, como el emperador desnudo, desfilan impúdicamente, engalanadas de nada.

Nada más patético que una entidad bancaria que presume de familiar y cercana mientras ejecuta desahucios al desayuno. O aquellos fabricantes de alimentos que se envuelven en la bandera de lo artesanal cuando todos saben que sus productos no han visto un obrador sino la fría y metódica cadena de una fábrica.

La autenticidad es ese aroma que no se puede fabricar en laboratorios de marketing ni se destila en reuniones de branding. Es la esencia que emana de una historia genuina, de valores sólidos y de una propuesta de valor que no necesita máscaras. La empresa auténtica no teme mostrar sus arrugas y cicatrices; son la prueba de su compromiso y experiencia.

El consumidor, ese juez implacable, premia con su lealtad a las marcas que no se disfrazan, que no necesitan ornamentos ni fuegos de artificio para seducir. Prefiere al bufón honesto que al rey con ropajes de seda y corona de cartón piedra.

Porque, al final del día, cuando las luces de la feria se apagan y el telón cae, lo que queda es la verdad del producto, del servicio, de la experiencia. Y en esa cruda realidad, la mona, por mucho que se vista de seda, sigue siendo mona, y el cliente, ese eterno desencantado, busca desesperadamente algo o alguien en quien confiar.

Así que, señores empresarios, recuerden que la autenticidad no es un traje que se pueda cambiar según la temporada. Es la piel de su negocio, y en ella se reflejan sus triunfos y desventuras, su carácter y su esencia. No intenten ser lo que no son, porque el mercado, ese espejo cruel, tarde o temprano, les mostrará su verdadero rostro.

En conclusión, en esta jungla de espejismos y quimeras que es el mundo corporativo, la autenticidad es la única moneda que nunca se devalúa. Así que, hagan el favor de ser genuinos, aunque les cueste un poco más de esfuerzo. Porque, como bien dice el refrán, no hay seda que valga cuando la mona, a todas luces, mona se queda.

4.Trabajo en Equipo:

4.1."En casa del herrero, cuchillo de palo"

Asegurar la excelencia interna en la empresa.

¡Oh, paradoja cruel y descarada que asola las entrañas de nuestras corporaciones! Hablamos, señores, de ese fenómeno tan español como el cocido madrileño, tan arraigado en el acervo popular que lo vestimos con orgullo, ignorando la sutil ironía que nos arroja a la cara.

"En casa del herrero, cuchillo de palo", reza el dicho que, trasladado al teatro de la empresa moderna, se convierte en un alegato sobre el trabajo en equipo y la excelencia interna.

Paseemos por los pasillos de cualquier compañía, desde las más encopetadas hasta las que aún no han salido del cascarón emprendedor. En todas ellas, el eco de este refrán resuena con la fuerza de un martillo contra el yunque. Asesores que no siguen sus propios consejos, departamentos de recursos humanos carentes de humanidad o equipos de innovación tan estancados como un charco en agosto. La lista de incongruencias es tan larga como un día sin café.

La excelencia, esa dama esquiva, requiere de un cortejo constante y sincero, no de galanteos de pacotilla. Mas,

¿cómo podemos pretender que nuestros equipos trabajen codo con codo, si en nuestra propia casa? ¿el herrero - léase el directivo, el gestor, el líder - tiene un arsenal de utensilios de madera? La calidad de nuestro servicio o producto empieza, qué duda cabe, en el seno mismo de la organización. No se puede, ni se debe, vender trajes de seda si vestimos harapos entre bastidores.

Un equipo que trabaja en armonía es como un reloj suizo; cada pieza, cada engranaje, por minúsculo que sea, es crucial para el funcionamiento del conjunto. Despreciar este hecho es invitar al caos y al despropósito, es alimentar la hoguera de la incompetencia con la leña de nuestra propia soberbia. Y aquí, amigos, no hay lugar para medias tintas. **O se trabaja en equipo con todas las de la ley, o se fracasa en solitario con todo el boato de una tragedia griega.**

No se trata únicamente de tener el mejor cuchillo en la casa del herrero, sino de asegurarse de que cada miembro del equipo conozca su oficio y lo ejecute con maestría. Porque en la empresa, como en la fragua, cada chispa cuenta y cada golpe ha de ser certero. El trabajo en equipo es el yunque sobre el que se forja la excelencia interna, y no hay refrán ni sarcasmo que valga ante la evidencia del hierro candente.

En conclusión, que nadie se llame a engaño. El trabajo en equipo y la búsqueda de la excelencia interna no son meros adornos retóricos, sino la esencia misma de una empresa que aspira a ser más que un mero nombre en la fachada de un edificio. Es hora de que los herreros de este mundo empresarial se armen con el mejor acero y demuestren que en su casa, el cuchillo corta y corta bien. Porque, al fin y al cabo, en el festín del mercado, no hay peor comensal que aquel que no puede partir su propio pan.

4.2."Todos los caminos llevan a Roma"

Diversidad de enfoques en la solución de problemas.

En la inmensidad de la empresa moderna, con sus luces de neón y sus cubículos que parecen reproducirse con la misma alegría con la que los conejos se entregan a la perpetuación de la especie, se escucha a menudo la loa al trabajo en equipo. Y no es para menos, ya que, en el fragor de la batalla corporativa, es menester recordar que "Todos los caminos llevan a Roma". Aquí yace la sabiduría de que, aunque los objetivos sean comunes, las rutas para alcanzarlos son tan diversas como los colores de las corbatas en una reunión de junta directiva.

La diversidad de enfoques en la solución de problemas es, pues, como ese refrán que nos habla de los múltiples senderos que conducen a la imperial ciudad. En la empresa, cada cual se pavonea con su mapa y su brújula, seguro de que su ruta es la más directa, la más segura o, por los dioses del Olimpo, la más innovadora. Mas la verdad, esa esquiva doncella, suele revelarse en la confluencia de perspectivas, en la suma de caminos que, aunque tortuosos o llenos de baches, terminan por llegar al corazón del imperio.

El programador, con su lógica aplastante y su abrigo de ceros y unos, puede ver en el algoritmo la solución a la papeleta. Por otro lado, el mercadólogo, con su verbo florido y sus gráficas que suben y bajan como las emociones de un adolescente, confía en el poder de la marca. Y qué decir del financiero, ese ser de cifras y tablas que, con la frialdad del verdugo, corta los presupuestos y busca la eficiencia como quien busca trufas en el bosque.

Pero he aquí la gracia del asunto: en el crisol del trabajo en equipo, las diferencias se convierten en fortalezas y los caminos se entrelazan para formar una red que sostiene al imperio empresarial. El líder, ese César de oficina, debe entonces ser hábil en el arte de la diplomacia, pues su labor consiste en dirigir la marcha, en asegurarse de que todas las legiones avancen al unísono, aunque cada una siga su propio estandarte.

La moraleja de este capítulo, adornada con la sabiduría de nuestros ancestros, nos recuerda que no hay una única forma de resolver los enigmas que nos plantea la gestión empresarial. De hecho, sería de necios pensar que la solución única y universal existe fuera de las películas de aventuras. La realidad empresarial, más compleja y menos complaciente, demanda una sinfonía de habilidades, un concierto de voces que, aunque desafinen en los ensayos, son capaces de ofrecer una actuación magistral cuando se alza el telón.

En conclusión, que no nos asuste la cacofonía inicial de los que proponen rutas distintas. Al final, con un poco de suerte y mucho tino, todos esos caminos, por retorcidos que sean, desembocarán en la majestuosa Roma de nuestros objetivos cumplidos. Y si no, siempre nos quedará la posibilidad de escribir otro refrán que justifique el desaguisado.

5. Finanzas y Economía:

5.1."No es oro todo lo que reluce"

Evaluación crítica de inversiones y oportunidades.

En el intrincado laberinto de las finanzas corporativas y la economía de mercado, donde los alquimistas de la contabilidad y los tahúres de la inversión juegan su eterno ajedrez, existe un refrán español que resplandece con la luz de la prudencia: "No es oro todo lo que reluce". Este aforismo, que podría muy bien ser el mantra de cualquier inversor avezado, es la brújula que evita que nos perdamos en los espejismos de la codicia y la ilusión.

Hablemos, pues, de la evaluación crítica de inversiones y oportunidades, ese ejercicio de escepticismo financiero que separa a los empresarios de éxito de los náufragos de la quiebra.

En la empresa, como en la vida, se nos presentan infinitas ocasiones donde el brillo del potencial beneficio puede cegar al más pintado. Sin embargo, la sabiduría popular nos advierte que no debemos dejarnos llevar por el lustre superficial de una oportunidad de inversión.

Imaginemos a un inversor, llamémosle Don Dinero, que se encuentra ante la oportunidad de inyectar capital en una start-up de tecnología punta. Los fundadores, con la lozanía de la juventud y una verborrea de neologismos, despliegan ante él proyecciones de ingresos que crecen más rápido que la espuma de un cava recién descorchado. Sin embargo, Don Dinero, recordando el refrán, decide indagar más allá de la presentación PowerPoint y los gráficos coloridos. Examina el modelo de negocio, la competencia, el equipo directivo y, sobre todo, la letra pequeña. Descubre entonces que la empresa, si bien prometedora, ha quemado efectivo como si estuviera en la hoguera de San Juan y que sus proyecciones son tan sólidas como un castillo de naipes.

Y es que las apariencias, en el mundo de los negocios como en el de los refranes, suelen ser tan engañosas como una moneda de chocolate envuelta en un papel dorado. La sustancia, el verdadero valor, yace a menudo oculto bajo capas de ostentación y jactancia. La labor del empresario prudente es, por tanto, rasgar ese velo de oropel y descubrir el auténtico quilate de la oportunidad que tiene ante sí.

Porque, amigos empresarios, no olvidemos que el fulgor de una inversión puede ser tan efímero como el de una estrella fugaz en el firmamento de la economía. Y aquellos que persiguen sin cautela estas luces pasajeras, pueden encontrarse de bruces con la cruda realidad del asfalto financiero.

En conclusión, el refrán "No es oro todo lo que reluce" nos insta a ejercer un juicio crítico y a mantener la vigilancia ante las deslumbrantes pero a menudo engañosas oportunidades de inversión. Porque en la economía, como en el más puro estilo de los viejos cuentos, detrás de cada promesa de riqueza puede esconderse un astuto Rumpelstiltskin esperando cobrar su precio. Sea, pues, la prudencia nuestra alquimia y la paciencia nuestro crisol, para que al final del cuento, podamos nosotros sí hallar el verdadero oro que, aunque no siempre reluzca, es el que verdaderamente enriquece la arcas de nuestra empresa.

5.1. Finanzas y Economía:

"A pan duro, diente agudo"

Resiliencia en tiempos de crisis económica.

Cuando los vientos de la economía soplan con la furia de un vendaval otoñal, arrastrando consigo las hojas secas de las inversiones frívolas y las flores marchitas de los excesivos créditos, es menester recordar aquel refrán que reza con sabiduría popular: "A pan duro, diente agudo".

En el tablero de ajedrez financiero, donde los peones son cuentas de resultados y las torres, balances generales, la habilidad para mordisquear con decisión el pan de la adversidad es lo que distingue al empresario avezado del neófito atolondrado.

En tiempos de bonanza, incluso el más inepto de los gerentes puede pasar por sabio, como aquel que se pavonea en la feria con sombrero ajeno, creyendo que el brillo de las monedas en su bolsillo es eterno. Mas, cuando la tempestad arrecia y el pánico se cierne sobre los mercados, entonces es cuando el verdadero temple del líder empresarial se pone a prueba. No se trata de la fuerza bruta, ni de la capacidad de inflar las velas con viento favorable, sino de la agudeza para roer con astucia el duro pan de la crisis.

La resiliencia económica no es una cuestión de azar. Es el arte de bailar un chotis con la incertidumbre, esquivando los pisotones del destino y marcando el paso con precisión milimétrica. Aquellos que se lamentan por la pérdida de la mantequilla y la mermelada, olvidan que el pan, aunque duro, sigue siendo sustento.

Es el momento de afilar los dientes, de sacar punta al lápiz del presupuesto y de enmendar la planificación con la tinta indeleble del pragmatismo.

Los mercados, caprichosos como una diva en su camerino, pueden retirar su favor sin previo aviso. Es aquí donde el empresario debe recordar que no hay mal que por bien no venga, y que cada crisis es la madre de la oportunidad.

Los débiles se derrumban, los astutos se adaptan y los fuertes se reinventan. En la dieta forzosa de la austeridad, la grasa superflua se quema, dejando tan solo el músculo esencial de la organización.

El refrán no invita al desaliento, sino a la acción. **"A pan duro, diente agudo" es un llamado a la fortaleza, a la inventiva y al coraje.** Es una oda a la tenacidad que requiere el momento, a la capacidad de masticar los desafíos con la determinación de quien sabe que, tras la tempestad, viene la calma. No es la queja del que se resiste al cambio, sino el grito de guerra del que se arremanga la camisa y se enfrenta al reto con la cabeza erguida y el espíritu indomable.

En la danza macabra de los números rojos y las estadísticas desalentadoras, el empresario resiliente es aquel que sabe que no hay mal que cien años dure, ni cuerpo que lo resista. Por tanto, se prepara, se blinda y lucha, sabiendo que la crisis, aunque amarga, también es una maestra severa que enseña lecciones valiosas. Y así, con cada mordisco al pan duro de la recesión, se templarán los dientes y el alma de la empresa, hasta que, finalmente, vuelva a amasar su propio pan, esta vez, quizás, con el grano selecto de la experiencia y la sabiduría.

En fin, que cuando el río suena, agua lleva, y en tiempos de crisis económica, el empresario ha de ser río y no mero afloramiento. Ha de fluir con ímpetu, sortear las rocas de la adversidad y, en ocasiones, labrarse nuevos cauces, porque al final del día, el que resiste, gana.

Y así, con la mirada fija en el horizonte y el diente afilado, se escriben las páginas de la resiliencia, se forjan las leyendas del mercado y se perpetúa el refranero español, tan lleno de verdad como de sorna.

6. Marketing y Ventas:

6.1."Ojos que no ven, corazón que no siente"

La importancia de la visibilidad en el mercado.

En el intrincado laberinto que es el mercado actual, donde cada esquina rebosa de productos que se amontonan clamando atención, se entiende que aquel que no es visto, sencillamente no existe. Y es que, en la empresa, como en el amor y en la guerra, la visibilidad es la que prende la mecha del deseo y el interés. "Ojos que no ven, corazón que no siente", reza el antiguo aforismo popular, que en el terreno del marketing y las ventas se traduce en un mandamiento tan ineludible como el de honrar a padre y madre.

Un producto puede ser una obra maestra de ingeniería, un elixir de eterna juventud o la solución definitiva a la calvicie, pero si no se asoma por la ventana adecuada para ser contemplado por el viandante, es como si danzase en la más profunda de las oscuridades. **La visibilidad, esa caprichosa doncella**, decide quién es el galán que se lleva el aplauso del público y quién se retira a las bambalinas con el rabo entre las piernas.

La visibilidad en el mercado se construye con la meticulosidad de un artesano. Es un juego de presencias continuadas, de mensajes que deben ser claros como el agua de manantial y atractivos como las sirenas que tentaron a Ulises. Pero cuidado, que no basta con aparecer; hay que saber cómo y dónde hacerlo. Que no se nos olvide que el exceso de visibilidad puede ser tan perjudicial como el defecto; el bombardeo constante puede saturar las retinas hasta convertirnos en un molesto zumbido en el oído del consumidor.

La estrategia de marketing debe ser como un buen guiso: medido, equilibrado y con el punto justo de sal. Debe invitar al consumidor a asomarse al escaparate, generarle la necesaria curiosidad y conducirle, casi sin que se dé cuenta, al interior de la tienda. Y es que, al final del día, lo que no se muestra no se vende, y lo que no se vende, se pudre en los anaqueles del olvido.

Así pues, queridos empresarios y emprendedores no descuiden la visibilidad de sus productos y servicios. Que sus mercancías brillen con luz propia, pero sin deslumbrar, que se insinúen, pero sin atosigar. Recuerden que, en el gran teatro del mercado, el espectador solo se enamora de lo que sus ojos pueden ver. Y en este acto de seducción constante, aquel que logre que su producto no solo sea visto, sino también deseado, tendrá la batalla del consumo ya medio ganada.

En conclusión, hagan que sus productos sean como aquel amor que no se puede olvidar, que permanece en la memoria visual y emocional del consumidor. Porque, en efecto, "ojos que no ven, corazón que no siente", y en la empresa, aquel que no capta la mirada es como si no latiera.

6.2 "Cuando una puerta se cierra, otra se abre"

Adaptación y oportunidades en el cambio de mercado.

En la lid diaria de la gestión empresarial, donde el mercadeo y la venta son los valientes caballeros que luchan en la justa por el dorado galardón del beneficio, no es extraño que alguna vez las murallas del castillo enemigo, el mercado, se muestren inexpugnables. Ahí es donde el refranero, en su sabiduría milenaria, nos susurra al oído: "Cuando una puerta se cierra, otra se abre".

Bien sabemos que el comercio, ese noble arte de intercambiar una cosa por otra, preferiblemente por vil metal, está sujeto a los caprichosos vientos de la moda y la voluble naturaleza del consumidor. Pero, ¿qué hacer cuando el viento sopla en contra y la puerta del mercado se cierra con estrépito ante nuestras narices? La respuesta la encontramos en la adaptación y las oportunidades que surgen al cambiar de rumbo. Tomemos como ejemplo al vendedor de enciclopedias, ese viajante de comercio de antaño que, con su maletín repleto de saberes, recorría las calles en busca de mentes ansiosas por cultivarse.

Cuando la era **digital irrumpió** como un torbellino, **muchos creyeron que las puertas de su negocio se habían sellado para siempre.** Mas no todos se quedaron llorando ante el umbral cerrado; **algunos,** con la perspicacia de un Cid en el campo de batalla, **vieron abrirse una nueva puerta en la forma de las plataformas online y los e-books.**

Así, la empresa que se aferra al clavo ardiendo de un producto moribundo, por temor o por terquedad, está destinada a ser sepultada bajo las arenas del tiempo.

Por el contrario, la que entiende que cada "no" es un "quizás" en potencia, que cada rechazo esconde una posibilidad, ésa es la que encuentra la llave maestra que abre todas las puertas.

En el juego del marketing, tan lleno de trampas y espejismos como una novela de Pérez Reverte, la adaptabilidad no es solo deseable, es la clave de la supervivencia. La empresa que no se adapta a los cambios del mercado es como un viejo galeón que se niega a levar anclas mientras el puerto se llena de veloces fragatas.

Y cómo olvidar las oportunidades, esos destellos de oro que a veces solo se vislumbran por el rabillo del ojo. El mercado, ese ser caprichoso y cambiante, siempre nos ofrece pistas sobre qué puerta se abrirá a continuación. El buen empresario, como un Umbral en su columna, observa, analiza y escribe su próximo movimiento con la misma destreza con la que el escritor escoge la palabra precisa.

"Cuando una puerta se cierra, otra se abre" no es solo un refrán para consolar a los desdichados. Es una máxima que en el mundo de las ventas se traduce en una búsqueda constante de adaptación, ingenio y, sobre todo, de oportunidades que, aunque escondidas, aguardan ser descubiertas por aquellos dispuestos a girar el picaporte.

Así que, señores del marketing y las ventas, cuando vean que una puerta se cierra, no se queden parados como estatuas ante el portal sellado. Busquen con ojo avizor la que se abre, pues en ella puede estar la clave del próximo éxito. Y recuerden, en el refranero está la sabiduría de los ancianos, que como bien sabemos, no es poca cosa.

7. Innovación y Cambio: "Renovarse o morir"

La necesidad de innovación constante.

En el ajedrez empresarial, el rey es la innovación, y es menester mover las piezas con la destreza de un Capablanca o un Kasparov para no acabar con el monarca acorralado por la fatalidad del statu quo. "**Renovarse o morir"**, dice el refrán, y qué más cierto en este tablero de constantes jaques mate donde el conformismo es el peor enemigo del progreso.

No hay empresa que pueda permitirse el lujo de ignorar la trompeta de la innovación sin arriesgarse a ser la dama sacrificada en el próximo movimiento. Las reglas del juego han cambiado, y aquellos que aún suspiran por los tiempos en los que el cambio era un huésped ocasional y no un inquilino permanente, están condenados a ser meros peones en un juego de torres y alfiles.

La innovación, amigos míos, no es una opción, es una obligación, un ímpetu que debe ser inyectado en la sangre de la organización como el hierro que fortalece al guerrero antes de la batalla. Y no hablamos de un cambio cosmético, un mero lavado de cara que engañe al cliente con una sonrisa nueva; no, hablamos de una transformación de las entrañas mismas de la empresa, una metamorfosis que implique mente, cuerpo y alma.

El mercado, esa arena donde los gladiadores comerciales luchan por un puesto en el podio de la relevancia, no tiene piedad de los que se quedan atrás, contemplando los laureles pasados mientras sus competidores se adornan con nuevos triunfos. *No basta con ser bueno en lo que ayer fue rentable; hay que ser el mejor en lo que mañana será imprescindible.*

Así que, al grito de **"renovarse o morir"**, las empresas deben tomar su espada de Damocles y convertirla en un estilete para esculpir su futuro. La complacencia es un veneno lento que carcome los cimientos de cualquier imperio comercial. ¿Acaso no nos enseña la historia que los más grandes fueron aquellos que no sólo se adaptaron al cambio, sino que lo lideraron con valentía?

Con cada innovación, con cada cambio, la empresa se reinventa, se fortalece, se redescubre. Y en este proceso de metamorfosis constante, es crucial no perder la esencia, aquello que te define; pero tampoco hay que aferrarse a los viejos ropajes cuando el traje nuevo está tejido con los hilos de la oportunidad y el progreso.

En conclusión, amado lector, en los negocios como en la vida, "renovarse o morir" no es una simple sentencia; es un mantra, un principio rector que debe iluminar cada decisión, cada estrategia, cada sueño de grandeza. La innovación no es sólo crear por crear; es la lucha por la supervivencia, la búsqueda incansable de la excelencia y, sobre todo, la audaz travesía por los mares nunca antes navegados de la posibilidad.

Que la innovación sea, pues, el faro que guíe vuestras naves empresariales hacia el horizonte prometedor de un futuro donde sólo los valientes, los visionarios y los incansables encontrarán su lugar en la leyenda de los negocios. Y recordad, no hay victoria sin riesgo, no hay gloria sin lucha, y no hay futuro sin cambio. Renovarse, señores, o morir en el intento.

7.2 Innovación y Cambio:

"No hay mal que por bien no venga"

Aprendiendo de los fracasos.

No hay mal que por bien no venga, reza el dicho popular, y en el teatro de la empresa, esta máxima se alza como bandera tras cada batalla perdida. La innovación, ese ídolo moderno al que todos rinden culto, no es sino la hermosa cara de una moneda cuya otra faz está marcada por el fracaso. Y es que la innovación, amigos míos, es el arte de fallar con elegancia.

En el ajedrez corporativo, el fracaso es ese peón sacrificado que, en su caída, abre paso a la reina para dar el jaque mate. Cada error es una lección disfrazada, un maestro severo que, al golpear con su vara, nos enseña más que mil aciertos complacientes. En el fracaso, como en la vida misma, se esconde la semilla del cambio.

Y vaya que si duele. El fracaso es ese amante despechado que no deja de recordarnos lo que pudo haber sido y no fue. Pero ¿acaso no es cierto que en el yerro está la oportunidad de reinventarse? La empresa que no cambia, que no se atreve a bailar al son que toca el fracaso, está condenada a la obsolescencia, a ser un retrato sepia en la pared de los que un día fueron y ya no son.

Ah, pero cuán difícil es convencer al consejo de administración, a esos señores de corbatas estranguladoras y sonrisas de cartón piedra, de que un patinazo no es el fin del mundo. "¿Innovar? ¿Para qué?", preguntan mientras se aferran a sus sillones como náufragos a sus tablas de salvación, ignorando que el mar de la competencia no perdona a los que temen mojarse.

Es aquí donde el refrán cobra vida, se viste de traje y corbata y entra en la sala de juntas con la cabeza alta. No hay mal que por bien no venga, señores. Cada producto que no caló, cada servicio que fue recibido con bostezos, cada campaña que se perdió en el laberinto de la indiferencia, todos ellos son los mejores maestros que el dinero puede comprar.

Innovar es, en esencia, un acto de fe. Es creer que de las cenizas del fracaso puede surgir el fénix del éxito. Es apostar por el cambio incluso cuando las cartas parecen estar marcadas en nuestra contra. Porque, al final del día, la empresa que no innova, que no aprende de sus fracasos, está destinada a convertirse en un hermoso cadáver.

Así que, querido lector, la próxima vez que el fracaso llame a tu puerta, invítalo a entrar, sírvele una copa y brinda con él. Porque no hay mal que por bien no venga, y en el regazo del error se gesta la más grande de las revoluciones: la transformación de lo que somos en lo que podemos llegar a ser. Y eso, amigos míos, es la esencia misma de la innovación.

8. Ética y Responsabilidad Social:

"El que siembra vientos, recoge tempestades"

Consecuencias de las acciones empresariales.

Como buenos hijos de la piel de toro que somos, conocemos el refrán que avisa con tono casi bíblico que el que siembra vientos, recoge tempestades. Y no hay mejor escenario para contemplar la veracidad de este dicho popular que en el teatro de operaciones de las empresas modernas, ese escenario donde a menudo la ética y la responsabilidad social se convierten en meros decorados de cartón piedra.

Comencemos por el principio, que es donde las cosas suelen torcerse. En el mundo empresarial, el viento se siembra con decisiones estratégicas que, si bien pueden engordar las cuentas a corto plazo, no son más que semillas de futuras catástrofes. Hablamos de prácticas tales como la explotación laboral, el desprecio hacia el medio ambiente o el maquillaje de balances. Pequeños vientos, al parecer inocuos, pero que son capaces de desencadenar la más furiosa de las tempestades.

Y, claro está, la tempestad llega. Llega con la furia de un mercado que, en su volubilidad, es capaz de castigar con la misma intensidad con la que antes premiaba. Los consumidores, antes fieles, se vuelven promiscuos y rencorosos. Las redes sociales, ese moderno ágora donde los ciudadanos se erigen en jueces y verdugos, se llenan de hashtags condenatorios. Y la reputación de la empresa, esa que costó décadas construir, se desmorona como un castillo de naipes en medio de un vendaval.

Pero no todo está perdido. Algunos empresarios, curtidos en mil batallas, saben que el refranero español no solo advierte, sino que también enseña. "Más vale prevenir que curar", reza otro dicho, y en él encontramos la clave para evitar que los vientos sembrados se tornen en huracanes destructoras. La ética y la responsabilidad social no deben ser un maquillaje, sino el ADN de la empresa. Unas prácticas sólidas en estas materias son el mejor parapeto contra las tempestades.

Una empresa que siembra responsabilidad, que cuida a sus empleados, que respeta el entorno y que actúa con transparencia, es una empresa que está sembrando un futuro estable. Las tempestades, que vendrán, pues nadie está libre de ellas, encontrarán una fortaleza y no una caseta de feria. Y en esta fortaleza, los vientos no son más que una brisa que refresca y purifica.

Así pues, estimado lector, si usted está al mando de esa nave que es su empresa, recuerde que cada acción tiene su consecuencia. No desoiga al refranero, que es sabiduría destilada en siglos de triunfos y de fracasos. Y si en algún momento siente la tentación de sembrar un viento, piense en la tempestad que puede venir y pregúntese si está preparado para enfrentarla. Porque al final, como en tantas otras cosas en la vida y en los negocios, recogerá exactamente lo que haya sembrado.

8.2.Ética y Responsabilidad Social:

"Hacer de la necesidad virtud"

Responsabilidad social corporativa.

En el ajedrez de la empresa, la ética y la responsabilidad social se mueven como el alfil, en diagonal, sorprendiendo a los peones de la ganancia fácil que avanzan sin mirar a los lados. Y es que, señores, hemos llegado a un punto en que la virtud no es más que una necesidad disfrazada, y las compañías, tan astutas como abuelas en mercado de abastos, han sabido hacer del río revuelto una oportunidad de pesca.

"Hacer de la necesidad virtud", claman los gurús de la modernidad empresarial, aquellos que han descubierto que el verde vende y que ser bueno en los papeles es tan rentable como un monopolio en época de bonanza. La responsabilidad social corporativa, o RSC para los amigos, se ha convertido en el nuevo canto de sirena que seduce a inversores y consumidores, deseosos de creer que su euro es una semilla de cambio y no el fertilizante de una planta que crece descontrolada.

Porque, amigos míos, no nos engañemos; si bien la RSC es una loable aspiración, no es menos cierto que en muchas ocasiones es una capa de maquillaje sobre el rostro curtido de la codicia. Las empresas, como los viejos pícaros de las novelas de antaño, se ajustan el sombrero de la sostenibilidad y reparten sonrisas y buenos actos como quien reparte cartas marcadas en una partida entre incautos.

Mas no todo es juego sucio en esta feria de la ética empresarial. Hay quienes, con la seriedad de un monje cartujo, toman la RSC como una cruzada personal, un compromiso con la sociedad que les ha dado tanto. Estos son los quijotes de la empresa, armados de informes de sostenibilidad y políticas de igualdad, dispuestos a enfrentarse a los gigantes del beneficio a corto plazo con la lanza en ristre de la integridad.

Pero, ay, que, aunque el refrán nos invite a la virtud, la necesidad a menudo tiene más voz que la conciencia. La RSC se convierte así en una moneda de dos caras, donde en una se lee "haz el bien" y en la otra "pero no olvides el beneficio". Porque al final del día, el empresario, ese lince con corbata, sabe que el barco de la responsabilidad debe navegar en aguas de rentabilidad para no hundirse en el mar de los buenos propósitos.

En conclusión, que "hacer de la necesidad virtud" es el nuevo mantra de una empresa que, entre balances y cuentas de resultados, busca su espacio en el Olimpo de la corrección política. Y así, se teje una red donde la ética es tan necesaria como el aire que respiramos, pero donde la virtud, esa esquiva dama, a veces no es más que el perfume que intenta ocultar el hedor de la avaricia.

Y mientras tanto, el cliente, ese rey desnudo, aplaude con entusiasmo la obra de teatro, creyendo que su elección de consumo es un voto por un mundo mejor, sin darse cuenta de que, en el gran teatro de la empresa, todos somos actores y espectadores de una comedia donde la ética tiene su propio camerino y la responsabilidad social es la estrella invitada.

9. Conclusión:

Reflexiones finales sobre la aplicación de refranes en el mundo empresarial.

En el tablero de ajedrez del comercio y la industria, las torres y los alfiles han danzado al son de refranes que, con su sabiduría centenaria, han dictado estrategias y prevenidos desastres. Cual juglares en las cortes medievales, estos refranes han recitado verdades en el oído del empresario moderno, despojando a la gestión de su artificio para vestirla con el ropaje de la experiencia inmemorial.

"El que mucho abarca, poco aprieta," nos recuerda que la ambición desmedida, sin el foco y la concentración necesarios, se diluye como el agua entre los dedos. Aquel gerente que ansía extender su imperio sobre demasiados dominios, termina por no gobernar ninguno con la destreza requerida. La especialización y la atención al detalle son las armaduras que protegen al empresario de las flechas de la competencia dispersa.

"En casa de herrero, cuchillo de palo," es un dardo envenenado que apunta al corazón de la incoherencia corporativa. La empresa que predica calidad y excelencia, pero que falla en aplicar esos principios dentro de sus propios muros, está destinada a ver cómo su credibilidad se evapora como el rocío ante el sol del mediodía. La congruencia entre lo que se oferta y lo que se practica es el cincel que esculpe la estatua de la confianza.

"No por mucho madrugar amanece más temprano," susurra al oído del workaholic moderno que la prisa y el afán no alteran el curso de los negocios ni la naturaleza misma del tiempo. Es menester recordar que el ritmo de la prudencia y la planificación son los compases que dirigen la sinfonía del éxito empresarial. No es el que corre más rápido, sino el que sabe cuándo acelerar y cuándo pausar, quien gana la carrera de la sostenibilidad.

"Ojos que no ven, corazón que no siente," puede ser interpretado como una invitación a la ignorancia voluntaria, pero el empresario astuto lo entiende como la necesidad de delegar. La visión del líder no debe enturbiarse con el granulado detalle de lo cotidiano, sino que debe permanecer clara, atenta a las tendencias y oportunidades que se ciernen en el horizonte. Confiar tareas y responsabilidades a un equipo competente es el arte de la visión indirecta que mantiene al corazón del negocio latiendo con fuerza.

Y así, podríamos continuar destilando el espíritu de cada refrán, extrayendo su esencia aplicable al mundo corporativo. Pero sería pecar de redundantes y olvidar que "Lo bueno, si breve, dos veces bueno." Por tanto, concluyamos con la certeza de que el refranero español no es mero adorno lingüístico o reliquia folclórica, sino un conjunto de linternas que iluminan con su luz de antaño el sendero a menudo oscuro del emprendimiento y la gestión empresarial.

Que el lector haya encontrado en estas páginas no solo una sonrisa o un asentimiento, sino también un mapa y una brújula para navegar las turbulentas aguas del negocio. Que los refranes sean sus estrellas guía y que, como buenos capitanes de su destino, sepan interpretarlos para llevar su nave a buen puerto. Porque, recordemos, "No hay viento favorable para el que no sabe a qué puerto se dirige."

Epilogo del autor

En estas páginas he intentado transmitir una lección nacida no de la sabiduría, sino de la experiencia.

Concluiría, compartiendo de mis propios versos, que "Más sabio es aquel que enseña lo que ha vivido, en lugar de lo que simplemente ha oído".

Y recuerden, "No es más inteligente quien sabe dar consejos, sino quien sabe aplicarlos.

Agradecimientos

Agradecimiento a todos los lectores que me han acompañado en la exploración de refranes y su aplicación en el mundo empresarial. Si han llegado hasta aquí, demuestran una admirable dedicación.

Espero que las comprensiones de estos refranes clásicos enriquezcan su enfoque en la gestión y liderazgo empresarial.

Un saludo cordial, deseando que lo aprendido ilumine su práctica profesional.